DES ILLUSIONS

DU

TEMPS PRÉSENT

Paris. — Imprim. par E. Thunot et Cᵉ, rue Racine, 26.

DES ILLUSIONS

DU

TEMPS PRÉSENT

LETTRES

A

UN JEUNE PHILOSOPHE RÉPUBLICAIN

PAR M. DE PLASMAN;

Ancien magistrat.

PARIS

DENTU, ÉDITEUR,

PALAIS-ROYAL, 13, GALERIE D'ORLÉANS.

1858

SOUVENIR ET HOMMAGE

A MES AMIS QUI NE SONT PLUS.

MACAREL,

Conseiller d'État, professeur de droit administratif à l'École de droit de Paris,
Commandeur de la Légion d'honneur (1) ;

Armand DALLOZ,

Avocat à la Cour impériale, Chevalier de la Légion d'honneur (2).

Monarchie tempérée, appuyée sur la loi en tout et partout ; telle était votre devise, telle est la mienne.

DE PLASMAN.

---

(1) Décédé à Paris, en 1856.
(2) Décédé à Paris, en 1857. — Voir la Note à la fin de l'ouvrage.

PREMIÈRE LETTRE.

———◆———

DES ILLUSIONS RÉPUBLICAINES.

Mon cher Philosophe,

Vous prétendez et soutenez avec chaleur que malgré plusieurs essais qui n'ont été rien moins qu'heureux, ce que vous avouez, la République peut être
établie en France sur des bases durables. Je ne puis

1.

me ranger à votre avis ; pour arriver à vous con-
vaincre, au lieu d'une discussion dans laquelle on
s'irrite mutuellement, sans arriver à aucun résultat,
je prends le parti de vous tracer par écrit les motifs
graves sur lesquels je me fonde.

Que sommes-nous? — Presque tous plébéiens,
mais vains et ambitieux comme descendants de ce
tiers état qui fit la révolution de 89. Que voulons-
nous devenir? — Patriciens — oui, Patriciens, les
uns par les richesses, les autres par les talents, les
dignités, ou par des alliances avec la noblesse. —
Si une position brillante manque à un père, il la
rêve pour ses enfants, et ce sentiment domine jusque
dans les classes du peuple. — Il existe en nous une
tendance générale, énergique, incessante, à s'élever
au-dessus de sa sphère ; et cela se conçoit très-bien :
il y a tant d'industriels et de joueurs à la bourse qui
sont devenus millionnaires en un jour ! tant de cul-
tivateurs et de petits marchands, qui, en 1793, et
depuis, se sont trouvés à leur réveil grands proprié-
taires et grands négociants ! tant d'avocats qui sont
devenus gardes des sceaux ! tant de soldats, maré-
chaux de France !

Chacun cependant s'empresse de dire, la noblesse,
les honneurs ! fi donc... La crainte du ridicule a parmi
nous une si grande puissance !... L'on se garde bien de

paraître désirer des choses que chacun en public affecte de dédaigner ; mais si par hasard la fortune nous sourit, vite nous escaladons les degrés du temple comme un soldat qui s'élance à la brèche ; l'adjoint de village décoré de son écharpe tricolore, le grand seigneur couvert de cordons et de crachats, ont la même devise : amour-propre et vanité.

Avec cette disposition ambitieuse des masses populaires, comment admettre que la République puisse jamais s'implanter parmi nous? — Certes la révolution de 89 fournit à la patrie de grands hommes, et même des citoyens qui semblaient dignes des premiers siècles de la République romaine; mais Napoléon parait, la scène change, et tous ces fiers Républicains découpent peu à peu leur bonnet de la liberté, pour en faire une livrée impériale; les hommes les plus marquants par leurs talents comme par la sévérité de leurs principes, Sieyès, et tant d'autres deviennent sénateurs, comtes de l'empire, que sais-je? Que peut-on espérer des républicains, après un si triste exemple des faiblesses humaines ?

Sans doute des hommes à tête ardente s'efforceront de ramener le règne de la démocratie, les uns par amour pur du principe, c'est le petit nombre; les autres par ambition ou amour des richesses, c'est le grand nombre; mais la République mourra sur notre sol le soir du jour qui l'aura vu naître.

Nous manquons tous de ces mâles vertus, caractères distinctifs de la véritable démocratie.

« Les politiques grecs qui vivaient dans le gouver-
» nement populaire, dit Montesquieu, ne reconnais-
» saient d'autre force qui pût les soutenir que celle
» de la vertu ; ceux d'aujourd'hui ne nous parlent
» que de manufactures, de commerce, de finances, de
» richesses, et de luxe même. (*Esprit des lois*, t. Ier,
» p. 8.) . . . .

. . . .

» Ce fut un assez beau spectacle, dans le siècle
» passé, de voir les efforts impuissants des Anglais,
» pour établir parmi eux la démocratie ; comme ceux
» qui avaient pris part aux affaires n'avaient pas de
» vertu, que leur ambition était irritée par le succès
» de celui qui avait le plus osé, que l'esprit d'une fac-
» tion n'était réprimé que par celui d'une autre, le
» gouvernement changeait sans cesse, le peuple
» étonné cherchait la démocratie, et ne la trouvait
» nulle part. »

En lisant ces pensées de l'auteur de l'*Esprit des
lois* (t. I, p. 10), on reconnaît une analogie frappante entre notre époque et celle qui a suivi la révolution d'Angleterre ; l'ambition qui nous domine est irritée par le succès de beaucoup d'hommes, qui,

dans leur sphère, ont osé relativement bien davantage que Cromwell.

Il est d'ailleurs dans la nature de la nation française de se nourrir encore plus qu'en Angleterre d'amour-propre et de vanité ; l'absence de vertus civiques fait que tous les appétits individuels s'unissent aux factions, le gouvernement change sans cesse (depuis 1789 nous avons eu, si je ne me trompe, sept ou huit systèmes et bouleversements divers). Cette portion du peuple qui, dans les grandes cités, rêve toujours révolution, attend incessamment un dénoûment. Elle dit en elle-même : espérons ! espérons ! un jour viendra !... Mais ce triomphe populaire, s'il se réalisait, ne serait-il pas précédé d'un tremblement de terre ?

Admettons cependant (ce qui n'est rien moins que probable, en ce moment surtout où le gouvernement occupe avec soin les classes ouvrières et les intéresse ainsi au maintien de l'ordre), admettons qu'un soulèvement de ces classes vienne à éclater un jour, et qu'elles s'emparent du pouvoir ; il y aura d'abord du sang versé, beaucoup de sang, le sang de nos frères ! Puis après, que fera-t-on ?

Aussitôt que la République arbore son drapeau, les caisses se ferment, chacun se resserre, et en quelque sorte se cloître. — Les achats diminuent, l'industrie est bientôt réduite aux abois ; plus de commerce, plus d'entreprises, plus de ventes, plus de transactions, si ce n'est celles rigoureusement indispensables. — Par suite de cet état de choses, une diminution rapide des revenus de l'État se déclare immédiatement. — Comment donc gouverner ?

Je cherche en vain le moyen de résoudre le problème d'une République assise solidement en France, la solution m'échappe. — Peut-être plus habile que moi, mon cher philosophe, la trouverez-vous ? J'en doute.

A vous.

Paris, ce... janvier 1858.

DEUXIÈME LETTRE.

(Suite.)

———✦———

Rappelez-vous, mon cher philosophe, ces deux grandes époques de notre histoire, 1793 et 1848.

La République avec son cortége de puissance et de terreur ; et la République tolérante, patiente et si

bonne, si bonne, que chacun déchirait un coin de son
manteau, tout en lui jurant fidélité et l'acclamant jusqu'à quinze fois en une heure. Eh bien, républicains
de 93, vous avez été tout-puissants le premier jour,
et si cette puissance a duré un second jour, vous ne
l'avez dû qu'aux victoires de nos soldats et à la terreur qui régnait dans l'intérieur; républicains de
1848, il faut le reconnaître à votre louange, vous avez
cherché à unir la modération à la justice, à marier le
droit avec la République; le premier jour vous étiez
également tout-puissants, le lendemain vous aviez
vécu.

Réfléchissez donc bien, mon cher philosophe, vous
dont le sang a trop d'ardeur, et qui seriez disposé à
vous dévouer pour un principe, réfléchissez long-
temps avant de vous jeter dans les hasards d'une révolution dont les conséquences peuvent être si fu-
nestes à votre patrie !

Songez-y bien ! ce bouleversement, s'il avait lieu,
serait bien plus terrible que tous les précédents; ce
n'est plus le drapeau tricolore, que Lamartine a maintenu au péril de sa vie, que vous devez vous attendre
à voir flotter sur nos monuments, c'est le drapeau
rouge : vous auriez changé les hommes du pouvoir,
vous n'auriez pas changé le pouvoir lui-même.

Admettons que mon imagination entrevoie cet avenir sous des couleurs trop lugubres, admettons que le char républicain puisse s'avancer sans encombre, vous n'auriez encore rien fait, rien obtenu. — Devant vous et contre vous s'élèverait aussitôt une société qui ne variera jamais, c'est-à-dire, sauf quelques exceptions, un composé d'ambitieux, et d'affamés et d'honneur et d'argent.

Sans doute, un certain nombre d'hommes honorables s'attachent au pouvoir ; mais qu'est-ce en comparaison de cette masse flottante qui cherche à monter, toujours monter ? N'oubliez pas qu'il y a en France, que dis-je ? à Paris seulement, 50 à 60,000 hommes qui entourent, flattent et circonviennent le pouvoir quel qu'il soit ; qu'il s'appelle Danton ou Louis-Philippe, peu leur importe.

Bien des gens qui la veille de 1848 étaient chez les princes, étaient le lendemain chez Marrast, et cela par deux raisons décisives : il faut être, il faut maintenir sa position sociale.

Soutenir qu'en France la République est impossible, c'est dire que l'ambition, la vanité, l'amour des décorations ont plus de racine que la liberté et même que l'égalité ; et, en effet, si l'on cherche à approfondir notre affection, en apparence très-vive pour l'égalité, on reconnaît bientôt que nous n'aimons l'égalité que par mour-propre. — Ce n'est en nous qu'une vanité déguisée, car généralement nous ne reconnaissons pas les lois de l'égalité avec nos inférieurs, nous ne les invoquons que contre ceux qui nous blessent par leur supériorité de fortune, de talent ou de naissance.

Cet amour excessif des titres, des honneurs qui nous tourmente, ne tient pas même au désir assez légitime en soi, et que chacun a, d'être l'égal de tous. Non, car aussitôt que nous sommes au haut de l'échelle, la tête nous tourne, et nous ne voyons plus au-dessous de nous que des inférieurs, comme mérite autant que comme position.

Pourquoi nos enfants, dès l'âge le plus tendre, s'élancent-ils avec tant d'ardeur vers ces couronnes dont on va décorer leurs fronts? Pourquoi nos jeunes conscrits sont-ils si désireux de l'épaulette d'officier et de la croix d'honneur? Ils sortent pourtant des rangs du peuple—de ce peuple qui ne semble rêver qu'au soc de sa charrue! Et cette foule de talents qui se disputent, dans tous les arts, ces branches de laurier que la renommée, si avare dans notre siècle, semble effeuiller avec regrets! Et cette arène électorale où tant d'hommes, distingués par leurs vertus sociales, se sont précipités et se précipitent encore pour obtenir les suffrages de leurs concitoyens, affrontant les déboires, les dégoûts et jusqu'à la calomnie: est-ce donc par un amour sincère de l'égalité qu'on aspire si fortement à sortir des rangs?

Voyez enfin toutes nos révolutions faites depuis soixante ans; elles ont été bien moins l'effet du désir d'acquérir une plus grande somme de liberté et d'égalité, que le résultat de l'amour-propre flétri des diverses classes du tiers état, de leur orgueil offensé.

. En quelques jours le peuple français a vengé, dans des flots de sang, ses injures de mille ans.

L'on croirait qu'après avoir démoli tous les palais, le peuple va conserver, comme le feu sacré, l'égalité qu'il vient de conquérir. — Non, chaque gouvernement se transforme en privilége, chaque révolution nous fait cadeau d'une aristocratie nouvelle. Ancienne noblesse détruite, ruinée, puis bientôt rétablie et enrichie, illustrations républicaines devenues nobles, noblesse de l'empire, noblesse de la restauration, voire même noblesse de Louis-Philippe, s'il l'eût osé!!! Pauvre égalité! nous te traitons si familièrement que tous les dix ans au plus tu subis une nouvelle métamorphose. Nous agissons avec toi comme nos enfants avec leurs poupées; chaque matin c'est une toilette nouvelle, mais elle est flétrie avant la fin du jour.

Voilà notre histoire du passé, voire même l'histoire de notre avenir. Car, lorsque trois révolutions, faites au nom de l'égalité et de la liberté, ont passé sur un peuple sans changer ses mœurs, on peut regarder comme chose assurée qu'elles ne varieront jamais.

A moins de fermer volontairement les yeux à la lumière, il faut donc reconnaître que la démocratie n'a parmi nous aucune chance d'un succès durable.

O rêve enchanteur de mes jeunes années! O République de Rome, et d'Athènes surtout, vous fûtes la joie, le bonheur de mon adolescence! Je me vois encore sur les bancs du collége, nourrissant mon âme affamée des récits des historiens de l'antiquité, avec la même ardeur que l'on aspire l'air aux premiers jours du printemps; je ne pouvais me séparer des Miltiade, des Aristide, des Thémistocle, des Léonidas, des Phocion, des Socrate, et de tant d'autres illustres morts, toujours vivants dans notre souvenir; je ne pouvais me lasser d'admirer et leurs hauts faits et leurs vertus; mon cœur s'épanouissait aux triomphes de ces grands hommes, se resserrait à leurs défaites, pleurait sur leurs malheurs; oui, la lecture des œuvres de l'antiquité républicaine, fait de nous des républicains.
— Entendons-nous, républicains jusqu'à vingt ans, car dès que le jeune homme est entré dans le monde et a acquis quelque expérience, il ne tarde pas à re-

connaître qu'il s'est nourri d'illusions; illusions nobles sans doute, mais destinées à rester toujours le rêve du matin de la vie.

Je m'aperçus bientôt, en effet, qu'à part quelques honorables exceptions, je n'étais entouré que d'ambitieux. — Le gouvernement représentatif n'a pas changé mon appréciation des classes sociales, tant s'en faut; aussi, après avoir cherché inutilement un Aristide et un Miltiade, je répète à la fin de ma carrière ce qu'en moi-même je pensais à trente ans : la République est impossible en France.

Que serait-ce, si je vous démontrais avec l'histoire qu'aucun grand peuple ne s'est jamais constitué, ou tout au moins n'a pu se perpétuer dans l'état démocratique; (1) que l'organisation républicaine ne s'est maintenu que dans ces petits États de l'antiquité où l'on comptait à peine 8 à 10,000 citoyens; et que des difficultés sans cesse renaissantes se révèleraient chez une nation comme la France, située au milieu d'autres nations essentiellement monarchiques, et toujours disposées à réagir sur elle dans le sens du principe qui leur est propre? Que serait-ce si je vous prouvais que le peuple français n'a jamais été plus grand, plus

(1) Je mets de côté les États-Unis, le moment n'est pas venu de les juger.

influent que lorsqu'à sa tête se trouvait placé un gouvernement fort, énergique? — Que serait-ce enfin si je sondais le cœur de ces petites républiques du temps jadis, et si je vous montrais la corruption et les vices les plus honteux qui les envahissaient de toutes parts?
— Notre admiration pour ces peuples de Rome et d'Athènes ne serait-elle donc qu'une illusion produite par le génie de leurs orateurs et le talent de leurs historiens? Mais, sans étendre si loin nos vues, revenons à notre siècle.

Lors même que par l'un de ces événements politiques inattendus, péripétie d'une nouvelle tragédie, la République viendrait à se constituer d'une manière durable en apparence, les femmes, dont l'influence agit d'une manière si sensible sur notre position politique et sociale, les femmes ramèneraient bientôt la société entière vers cet état de vanité ambitieuse et d'égoïsme qui est la ruine de toutes les Républiques.

Une femme qui place son existence dans l'éclat d'une parure, peut-elle être sévère sur les moyens de parvenir à une position brillante? Hélas non. — Aussi, quelque rang que son mari occupe, elle l'amène, par d'adroits raisonnements, à sacrifier ses principes politiques, ou à une grande fortune, ou à une haute dignité; elle fait ressortir à ses yeux l'intérêt de ses

enfants, de leur établissement futur, de leur nom, de
sa maison dont il faut soutenir l'éclat; elle le dispose
à un vote facile, et le prépare admirablement à ces
capitulations de conscience dans lesquelles, sous le
gouvernement parlementaire, les femmes savaient ex-
celler.

Il ne faut pas croire que cette action de la femme
sur la constitution du pays n'existe que dans les
classes élevées. — Je pose en fait que près d'un quart
des nominations de députés dans les départements
était obtenue, sous Louis-Philippe, dans un sens ou
dans un autre, par l'influence des femmes. — Influence essentiellement dangereuse, parce qu'elle a
sa source dans des intérêts privés ou des pensées de
rivalité, ou d'amour-propre, qu'elles savent faire va-
loir habilement au moment décisif, suivant leurs petites passions, et dans lesquelles le bien de la patrie
est presque toujours sacrifié (les femmes ne généralisent jamais). Toutefois ne soyons pas injustes: pendant les troubles civils de notre première révolution,
dans les trois journées de 1830, et durant le cours
désastreux de cette épidémie qui promenait la faux
de la mort sur toute la France, beaucoup de Fran-
çaises ont donné des preuves d'un dévouement et
d'un courage vraiment héroïques; mais ce dévouement ne s'est presque jamais étendu au delà de leurs

affections privées : admirables pour sauver leurs familles, ou secourir les malheureux, elles ont été presque toujours de glace pour la patrie.

Je viens de dire : Les femmes ne généralisent jamais. Ne me reprocherez-vous pas, mon cher philosophe, de trop généraliser, d'être trop absolu ? Je suis tout disposé à avouer ma faute.

Paris, ce... février 1858.

———

TROISIÈME LETTRE.

(Suite.)

———

La République, mon cher ami, n'est pas impossible en France seulement en raison de nos défauts, elle l'est encore plus par les qualités constitutives en quelque sorte de notre nation; en effet, si nous sommes dominés dans toutes nos actions par l'amour-propre et la vanité, ces sentiments qui sont des défauts dans l'individu deviennent des qualités dans la nation considérée dans son ensemble. Ils sont la

2

source féconde où puise constamment notre génie national.

Nous avons au plus haut degré l'ambition de la gloire militaire, l'ambition de nous illustrer dans les belles-lettres, dans les beaux-arts, de briller par la parole dans les salons, au barreau, ou dans une tribune quelconque fût-ce même dans un club à défaut d'un forum ; et comme à nos yeux nous sommes le premier peuple de l'univers, il résulte de là qu'il y a en nous une action perpétuelle qui nous entraine incessamment vers les grandes choses. — Sans doute plusieurs nations de l'Europe se distinguent aussi par de grandes illustrations, mais en France la nation entière a le feu sacré. — De même que notre globe renferme en lui un foyer de chaleur qui réagit sur toutes ses parties, et peut-être sur son action dans l'espace, de même la France semble avoir en elle une force interne, une chaleur vitale inépuisable, destinée à communiquer le mouvement aux peuples du monde entier.

Tout ce qui constitue notre être, notre vie, notre organisme, tous les battements de notre cœur se trouvent donc être antipathiques au vrai régime républicain dont la règle a pour base le devoir et la vertu.

Il y a plus ; notre histoire, notre littérature, nos romans, nos drames, nos arts ont toujours eu dans les siècles passés et ont encore aujourd'hui un caractère monarchique et révèlent des mœurs essentiellement aristocratiques. Quels sont les héros de nos romans depuis mademoiselle de Scudéry jusqu'à Alexandre Dumas ? Des comtes, des ducs, des princes et des rois. — Quels sont les héros de nos drames depuis Corneille ? — Des rois ou des empereurs, — et Molière lui-même ne se complaît-il pas à nous offrir le tableau des mœurs de la cour et de la noblesse de France.

Où nos grands peintres puisent-ils leurs inspirations ! Dans les grandes scènes de notre histoire.

Les romans de notre siècle comme les représentations de notre théâtre, malgré les égarements de leurs auteurs, n'empruntent-ils pas encore aujourd'hui tout leur charme aux délicatesses des mœurs de l'aristocratie, ou à ses faiblesses? et même, dans les courts intervalles où la République a régné en France, si la lie était dans les bas-fonds de la société, l'aristocratie surnageait. Mirabeau comme l'abbé Maury, madame de Staël comme madame Roland n'étaient réellement que des aristocrates ; et sous la restauration et sous Louis-Philippe, le célèbre rédacteur du *National*, Armand Carrel, n'a-t-il pas laissé parmi nous la réputation d'être par excellence l'homme du monde de mœurs les plus aristocratiques?

A la simple lecture de notre histoire, on reconnaît partout ce type de notre nationalité, depuis Charlemagne jusqu'à saint Louis, depuis saint Louis jusqu'à François Ier, depuis François Ier jusqu'à Louis XIV, depuis Louis XIV jusqu'à Napoléon, toute notre vie d'enfant, toute notre vie d'homme, a été monarchique, ou quoi que ce soit aristocratique, ce qui revient au même, quant au résultat anti-républicain.

Un moment nous avons bouleversé toutes nos lois, nous avons retourné le sol tout entier, nous avons coupé toutes les têtes des pavots de nos jardins; il semblait qu'une société nouvelle allait surgir de cette hécatombe; — Non, — la société s'est reconstituée presque aussitôt royalement et aristocratiquement. Seulement l'aristocratie a élargi son cercle; d'abord, elle était noble, de noble elle est devenue financière, ensuite bourgeoise; enfin chaque jour elle ajoute à sa base et devient presque peuple, sans changer de caractère; car si les mains rudes et calleuses de ce peuple, si ses mains noircies par le travail apparaissent encore quelquefois, elles se recouvrent bien vite de gants blancs.

Oui, l'élégance des manières, le sentiment du goût, expression la plus vraie de l'aristocratie, tend à s'étendre constamment parmi nous, et atteindra bientôt aux dernières limites des classes sociales; — l'exposition de 1855 a été une démonstration évidente de cette vérité.

Qui n'a pas en effet admiré dans ce palais de l'industrie le talent de nos ouvriers, disons mieux, le talent de nos artistes, car c'est le seul nom qui convienne à leurs admirables conceptions. — Génie de perfectionnement, génie d'invention, génie que je désignerais volontiers sous le titre de génie aristocratique, tant il brille d'une distinction particulière, d'une pureté et d'une grâce inimitables.

On dirait qu'à l'époque de la renaissance, François Ier, sous l'inspiration de Benvenuto Cellini, a délivré à tous les hommes d'art un brevet de talent qui s'est perpétué, d'âge en âge, comme la noblesse, sans y déroger un seul jour, tant leurs œuvres révèlent le sentiment profond d'un goût délicat, d'une sorte d'atticisme, si je puis appliquer ici cette expression, atticisme qui n'appartient généralement qu'aux natures élevées ; noblesse digne d'envie !

Je ne puis m'empêcher de remarquer ici, quoique l'observation s'éloigne peut-être de mon sujet, que ces formes aristocratiques s'identifient admirablement avec les beaux-arts. Ces formes mises en relief par un homme de talent deviennent le beau idéal réalisé. — Aussi avec quel regard d'amour, avec quel enthousiasme l'artiste contemple l'œuvre qu'il vient d'achever ;

2.

sent en lui le feu créateur. Nouveau Pygmalion, il a donné la vie à la statue qu'il vient de créer, et il peut dire, comme le Corrège « *Anch' io son pittore* ». Voyez-vous autour de lui cette jeune famille participer de sa joie, et fière des succès paternels? c'est dans ce modeste atelier qu'elle s'inspire de tout ce que l'art offre de beau ; elle l'apprend, ou plutôt elle le devine au contact, au langage, et à la vue des travaux du chef de famille.

Ce diadème, que l'artiste façonne, et qui va peut-être orner le front d'une reine, il le pose un instant sur le front de son épouse, pour en apprécier l'effet; ce collier, parure d'une jeune mariée, il l'essaye sur le cou de sa fille.

Il jouit; oui, il jouit de son illusion, comme s'il touchait à la réalité. Illusion décevante! car au jour de l'hyménée de cette fille chérie, il ne pourra peut-être lui donner que le rosier qui décore la fenêtre de sa modeste demeure.

Mais quelquefois le travail manque.

Vous devinez combien cette passion si pure doit compter de mauvais jours, jours de défaillance ! d'où sortiront l'ambitieuse pensée du bien-être et le désir de posséder cette fortune à laquelle il rêve pendant qu'il en tresse les couronnes dorées.

Hélas! il n'est que trop vrai, cette pensée germe

peu à peu dans le cœur du père de famille, elle le déchire sourdement, elle devient la cause irritante qui le domine incessamment, et fait qu'à un jour néfaste l'ouvrier remplace le ciseau par le fusil et court éperdu sur la place publique.

Et lors même que le père de famille parviendrait à vaincre ces entraînements, espérez-vous donc que sa femme aura le courage de la résignation ; nouvelle Ève, ne pressera-t-elle pas son mari de saisir le fruit défendu.

Point d'illusions. — L'art, chez les peuples modernes surtout, est évidemment contraire à toute constitution républicaine de la société ; père de toutes les grandes passions, il est en opposition avec le sentiment du devoir compris dans le sens démocratique, et s'il aspire à l'égalité, c'est uniquement pour arriver à la fortune, qui est la reine de l'inégalité.

Ainsi de quelque côté que l'idée républicaine veuille surgir parmi nous, elle rencontre des éléments qui en sont l'antagonisme, quoique ces éléments en apparence semblent lui sourire et s'harmonier avec elle ; de sorte que l'observateur philosophe arrive toujours à cette même conclusion : la République est impossible en France.

Paris, ce... avril 1858.

QUATRIÈME LETTRE.

—◆◗●◗◆—

DES ILLUSIONS DU DESPOTISME.

Mon cher Philosophe,

Vous me dites que vous ne pouvez répondre en ce moment aux observations que je présente, contre la possibilité d'un établissement stable en France de la République; puis, vous ajoutez que dans tous les cas le despotisme, s'il arrivait à se constituer, n'aurait pas plus de chances d'un avenir solide. Je l'admets.

Les illusions du Despotisme ne sont ni moins graves, ni moins dangereuses que celles qui égarent l'opinion républicaine; mais avant de retracer ces illusions et les dangers qui en sont inséparables, il me paraît nécessaire de rechercher quand il y a despotisme, à quelles conditions il existait autrefois, à quelles conditions il peut exister aujourd'hui. C'est une recherche qui doit vous intéresser autant que moi.

Montesquieu a tracé du despotisme des tableaux qui étaient peut-être ressemblants à l'époque où il écrivait, et qui ne le sont certainement plus aujourd'hui, si ce n'est en Chine ou au Japon peut-être. Il s'exprime ainsi : « Un homme à qui ses cinq sens disent sans cesse qu'il est tout, et que les autres ne sont rien, est naturellement paresseux, ignorant. voluptueux, il abandonne donc les affaires (*Esprit des lois*, t. Ier, p. 31). »

« Un prince pareil, accoutumé dans son palais à ne trouver aucune résistance, s'indigne de celle qu'on lui fait les armes à la main ; il est donc ordinairement conduit par la colère ou la vengeance : d'ailleurs, il ne peut avoir l'idée de la vraie gloire ; les guerres doivent donc s'y faire dans toute leur fureur naturelle, et le droit des gens y avoir moins d'étendue qu'ailleurs. »

« Un tel prince a tant de défauts qu'il faudrait craindre d'exposer au grand jour sa stupidité naturelle. Il est caché, et l'on ignore l'état où il se trouve. Par bonheur, les hommes sont tels qu'ils n'ont besoin que d'un nom qui les gouverne (I, p. 105). »

« Dans ce gouvernement, tout doit rouler sur deux ou trois idées, il n'en faut donc pas de nouvelles ; quand vous instruisez une bête, vous vous donnez bien de garde de lui faire changer de maître, de leçon et d'allure ; vous frappez son cerveau par deux ou trois mouvements, pas davantage (I, p. 104). »

Tout cela est exagéré, et l'était même au temps où l'illustre auteur de l'*Esprit des lois* écrivait ; tout cela est faux aujourd'hui, au moins dans tous les pays de l'Europe.

L'empire de Turquie, de Russie, sont des gouvernements despotiques, et quelque abaissés que soient dans ces pays le commun des hommes et le niveau de leur intelligence, néanmoins on y jouit d'un développement d'esprit en opposition complète avec ce que dit Montesquieu ; et, quant au caractère et à la conduite des souverains, Pierre le Grand, Alexandre Ier, Nicolas Ier, Alexandre II, le sultan Mahmoud ont prouvé qu'ils avaient des qualités opposées précisément aux défauts que Montesquieu signale.

Mais le célèbre auteur, aujourd'hui comme autrefois, est dans le vrai quand il nous dit : « Comme le principe du gouvernement despotique est la crainte, le but en est la tranquillité, mais ce n'est point une paix, c'est le silence (Ier, p. 48,-107-152). »

« Dans les États despotiques, la nature du gouvernement demande une obéissance extrême, et la volonté du prince une fois connue, doit avoir aussi infailliblement son effet, qu'une boule jetée contre une autre doit avoir le sien. »

« Il n'y a pas de tempérament, de modération, d'accommodement, de termes, d'équivalents, de pourparlers, de remontrances; rien d'égal ou de meilleur à proposer. L'homme est une créature qui obéit à une créature qui veut (Ier, p. 48). »

Il dit encore : « Le gouvernement monarchique a un grand avantage sur le despotique. Comme il est de sa nature qu'il y ait sous le prince plusieurs ordres, qui tiennent à la constitution, l'État est plus fixe, la constitution plus inébranlable, la personne de ceux qui gouvernent plus assurée. » (P. 101. 103.) (1)

---

(1) « Malheureux le Roi qui n'a qu'une tête! dit encore l'auteur de l'Esprit des lois. — Il semble ne réunir sur elle toute sa puissance que pour indiquer au premier ambitieux l'endroit où il la trouvera tout entière! » (MONT. Lettres persannes, p. 280.)

Montesquieu certainement n'était pas un révolutionnaire. — Sincèrement attaché à la royauté, il se félicitait d'avoir vécu sous une monarchie héréditaire et tempérée. — Il n'y a pas d'autre gouvernement possible en France, j'entends du-

Que signifie tout ce langage, peut-on me dire?
Vous n'habitez ni la Perse, ni la Chine, ni le Japon ;
ce n'est pas pour ces pays probablement que vous
écrivez ; vous êtes en Europe, et dans cette partie du
monde, il n'y a plus de gouvernements despotiques.
Tous les États sont régis par des lois fondamentales
respectées des princes et des peuples; des révolutions
en ont accidentellement suspendu la marche régu-
lière, mais bientôt l'atmosphère s'est éclaircie, et la
loi, comme le jour après l'orage, a repris tout son
empire. — On ne peut donc pas s'expliquer votre
préambule.

A cela je réponds : Que le Despotisme a ce singu-
lier rapport avec le phénix, dont pourtant je ne présume
pas qu'il soit issu, c'est de renaître de ses cendres. Le

rable. — Et cependant l'illustre auteur n'a pas hésité à écrire ces
mots : « Malheureux le roi qui n'a qu'une tête! » — C'est que
dans les gouvernements où, comme en France, se trouvent des
pouvoirs intermédiaires, si ces pouvoirs n'assument pas sur eux
une grande part de responsabilité, en raison de leur action trop
limitée, tout pèse sur le chef de l'État. — De là les dangers que
le prince s'expose volontairement à courir, et qui ne me semblent
compensés par aucun avantage.

Si le chef de l'État passe, les institutions restent, et peuvent
seules, quand elles sont puissantes, vivaces, quand elles sont
entrées profondément dans la vie d'un peuple, assurer l'héré-
dité.— Telle a été la pensée de Montesquieu, telle est la mienne.

3

citoyen doit donc veiller, toujours veiller; les prémisses que j'ai posées ne sont donc pas inutiles; et qu'on ne croie pas que dans un but de critique j'ai la pensée de m'attaquer spécialement à la législation de mon pays : ma vue s'étend plus au loin. Je me sépare un instant de tout espèce de régime gouvernemental, de tout mode législatif consacré, je me borne à une recherche philosophique, c'est une sorte de problème dont je veux dégager l'inconnu.

Ma première question est donc celle-ci : quand y a-t-il Despotisme au siècle où nous sommes?

Et après de mûres réflexions, je me réponds à moi-même : il y a Despotisme toutes les fois que les lois d'un pays quelconque sont en opposition avec les droits naturels de l'homme et les droits du citoyen.

Ainsi, par exemple : si un homme, et à plus forte raison un citoyen était arrêté, détenu, et accusé dans des cas non prévus par la loi; ou si l'on violait les formes réglées par le législateur pour procéder à l'arrestation, il y aurait Despotisme. Quand nos anciens rois signaient des lettres de cachet, il y avait Despotisme.

Il y aurait Despotisme, si un citoyen, même coupable, pouvait être exposé à subir une peine à laquelle il n'a pas été condamné. — Lorsque le général Cavaignac déportait sur des vaisseaux huit ou dix mille citoyens de Paris, sans jugement, quelles que fussent leurs fautes, ou même plus que leurs fautes, il y avait Despotisme.

La libre émission et communication des pensées et des opinions, est l'un des droits les plus précieux de l'homme ; tout citoyen a donc le droit incontestable de parler, d'écrire, de publier librement ses pensées, sauf répression en cas d'abus. Si les lois d'une nation violaient ce grand principe de liberté, et si cette violation était l'état permanent du pays, il y aurait Despotisme de par la loi et dans la loi. — J'admets toutefois que les publications quotidiennes exigent des mesures particulières de garantie, en raison de l'influence qu'elles exercent sur les mœurs comme sur l'état politique du pays. Mais ces mesures doivent toujours résulter de la loi, et la condamnation, s'il y a lieu, d'un jugement.

Tout gouvernement monarchique ou républicain, qui ne respecte pas ces principes de liberté, est donc, si l'on ne considère que la logique du droit, un gouvernement despotique. Dans ce sens, quoique par des procédés dissemblables, Louis XI et Robespierre étaient les chefs d'un gouvernement despotique. Ainsi (et c'est ce que Montesquieu n'a pas voulu ou osé dire), nous prenons notre base dans les droits de l'homme, et nous posons en principe : qu'il y aurait Despotisme si ces droits étaient violés ou méconnus.

A l'appui de cette règle, nous rappelons les lois de 1789. — Cette autorité en vaut bien une autre ; elle l'emporte même sur toutes les autres, car (outre que ces principes ont remué et remuent encore le monde entier, qui gravite, quoique bien lentement vers leur application) dans la constitution que Napoléon III a octroyée au peuple français en 1852, l'article 1er porte : « La constitution reconnaît, confirme et garantit les » grands principes proclamés en 1789, et qui sont la » base du droit public des Français. »

Or, quels sont ces grands principes ?

C'est la liberté individuelle, la liberté de conscience, la liberté de la presse, l'inviolabilité des députés. — Ces droits ont été reconnus et consacrés par le décret de l'assemblée constituante des 1, 5 et 13 octobre 1789, et développés dans la constitution des 5-14 septembre 1791 (art. 7 et 11 du préambule).

Et le législateur attache une telle importance aux principes qu'il vient de proclamer qu'il ajoute presque aussitôt :

Art. 16 : « Toute société dans laquelle la garantie des droits n'est pas assurée, ni la séparation des pouvoirs déterminée, n'a point de constitution. » — Ces mots, quoique empreints d'exagération peut-être, sont surtout à remarquer.

Ainsi tout peuple civilisé chez lequel cette base du droit public n'existe pas, n'ayant pas de constitution, d'après les lois de 1789, est non pas en fait peut-être mais en droit pur, dans les liens du Despotisme ; ce qui ne prouve pas que le peuple soit nécessairement mal gouverné, mais qu'il est soumis à des lois qui sont en dehors du droit naturel et du droit politique. J'admets toutefois que, dans des moments de secousses révolutionnaires, ou dans l'enfantement toujours laborieux d'un nouvel établissement gouvernemental, ces grands principes puissent momentanément subir quelque altération, mais la pente est glissante, il faut que le pouvoir se garde bien de faire de cet état accidentel et provisoire un état permanent.

Je viens de dire : « Ce qui ne prouve pas que le peuple soit mal gouverné. » Or si vous me répondiez, mon cher philosophe, avec les partis qui sont hostiles au gouvernement, que le régime impérial tient plus du gouvernement despotique que du gouvernement monarchique, il vous serait néanmoins dificile de ne pas reconnaître que tout a fleuri, tout a grandi autour de nous jusqu'à présent, depuis l'avénement de l'empire. — Est-ce bonheur ? est-ce génie ? je l'ignore, je constate seulement le fait. J'applaudis au résultat parce que ma patrie a enfin repris en Europe le rang qui lui appartenait.

Mais l'homme, même de génie, peut n'être qu'un accident heureux dans la vie d'un peuple (1); il faut toujours revenir à la logique des principes. Continuons donc nos investigations.

(1) Voir la note de la page 31.

CINQUIÈME LETTRE.

(Suite.)

———◁●▷———

Nous avons à rechercher aujourd'hui quelles sont les conditions d'existence du Despotisme?

Inutile de s'occuper du temps qui n'est plus. Montesquieu nous a tracé du despotisme ancien des tableaux qui éclairent suffisamment la question. — Nos recherches portent uniquement sur notre siècle.

Or, nous n'hésitons pas à répondre, quant au temps présent, que le Despotisme a subi dans toute l'Europe l'influence de la civilisation et surtout de la révolution de 1789. — Jusque-là le Despotisme était homme uniquement, depuis il s'est fait loi. — Louis XIV serait impossible aujourd'hui, et Octave, s'il revenait, serait obligé de se faire Auguste.

Je dis qu'il s'est fait loi, et en effet, pour vivre, le Despotisme a emprunté à la liberté une partie de ses principes, en les modifiant autant que possible pour son usage. Il s'est constitué législateur-jurisconsulte, expliquant, interprétant les lois, les élargissant, les resserrant, suivant les exigences de la politique.

Pour reconnaître le Despotisme dans le siècle où nous sommes, ce ne sont donc pas seulement les lois qu'il faut considérer, il faut en outre s'attacher à leur mise à exécution, à leur mise en scène, si je puis m'exprimer ainsi, et c'est cette mise en scène qui aidera surtout à découvrir si les droits de l'homme et du citoyen ont été sauvegardés. « Il y a en effet, dit encore Montesquieu, deux sortes de tyrannie, une réelle, qui consiste dans la violence du gouvernement, et une d'opinion, qui se fait sentir lorsque ceux qui gouvernent établissent des choses qui choquent la manière de penser d'une nation. »

Dans le moment où je m'abandonnais à ces réflexions, et où peut-être mon imagination était surexcitée par une méditation trop prolongée, il me semble qu'une force inconnue me transporte tout à coup dans une plaine aride de l'Italie, où le sol semble trembler sous mes pas ; dans le lointain je crois apercevoir le dôme de Saint-Marc.

Au milieu de cette plaine s'élève un monument semblable à ces vastes nécropoles de l'antiquité. La curiosité m'entraîne, j'approche ; l'extérieur de l'édifice m'impose. Après quelques instants d'hésitation, je pénètre dans l'intérieur.

Je traverse d'abord une multitude de salles, sur les parois desquelles une lampe répand une lueur blafarde et vacillante ; dans chacune de ces salles sont rangés symétriquement de nombreux cercueils sans aucune indication ; seulement, à la porte d'entrée, on lit ces mots : Grèce, Italie, Suisse, Espagne, Pologne, France.

Dans cette marche prolongée à travers les morts, un froid glacial me pénètre, une espèce de frisson me saisit ; néanmoins je poursuis mon exploration, et pendant que je cherche à me rendre compte de la réunion de cette multitude de cercueils, qui se trouvent rassemblés en un seul lieu comme dans les catacombes des martyrs chrétiens, j'arrive tout à coup dans une salle soutenue par des colonnes monumentales, au haut desquelles sont appendus des drapeaux de diverses couleurs.

3.

Dans l'hémicycle se trouve une femme étendue sur une tombe de marbre noir. Au-dessus de cette tombe se lit cette inscription : *La Liberté*.

Et je m'écrie : — Et quoi, vous l'avez tuée? — Fi donc, me répond le despotisme, je m'en garderais bien. J'ai cru devoir employer à son égard les formes usitées par les sciences modernes. Passant légèrement mes mains devant ses yeux, je lui ai dit : Tu souffres? — Oui, m'a-t-elle répondu. — Où donc? — Au cœur.... — Eh bien! dors, mon enfant, clos ta paupière, je veille sur toi. Au mouvement irrégulier de ton pouls, je juge qu'il est utile que tu sommeilles encore.

Voilà d'un seul trait la peinture fidèle du despotisme des temps anciens, et du despotisme des temps modernes; le premier armé d'un poignard sanglant, le second en quelque sorte désarmé, mais effeuillant des pavots sur les lèvres de la liberté.

Plusieurs des grandes puissances de 1812 à 1818, et depuis même, nous ont édifié suffisamment sur cette transformation.

Voilà le despotisme qui tend à se propager; mais au-dessus de cette triste perspective s'élève et plane une pensée plus vaste, une parole sacrée; car elle est en quelque sorte burinée au frontispice de notre con-

stitution : « La liberté sera le couronnement de l'édifice. » Cette parole, certainement, ne faillira pas à la
France. Je dis plus : Ne faillira pas à l'Europe, car la
France libre, c'est la liberté du monde. Il y a là une
gloire à acquérir, gloire digne d'envie!!! (1)

(1) Le gouvernement vient de donner une grande preuve de
son désir d'arriver à un état plus large de discussion libre, en
ce qui concerne la vente des biens des hospices.

SIXIÈME LETTRE.

———— ···· ————

(Suite.)

MON CHER PHILOSOPHE,

Après avoir établi quand il y a Despotisme et con-
staté la transformation qui s'est opérée dans ce mode
de gouvernement, recherchons maintenant les illusions qui sont inhérentes à sa nature.

Le plus grand inconvénient, et en même temps le
plus grand danger de ce régime pour le prince comme
pour le peuple, c'est l'instabilité dans le représen-
tant du pouvoir souverain; qu'il s'appelle le tzar

Pierre, Louis XIV ou Nicolas Ier, peu importe. Le chef de l'État veut être tout, et en réalité il est tout; de là résulte que tous les regards sont fixés sur lui; les pouvoirs intermédiaires sont comme s'ils n'étaient pas; le souverain, dans cette hypothèse, se considère comme la providence du peuple entier; le peuple exige qu'il justifie son titre, et, pour peu qu'il manque à la destinée qu'il s'est créée à lui-même, ce peuple, dont le silence est la loi, amasse ses rancunes au fond de son cœur; puis arrive un jour où elles se traduisent en rugissements séditieux. Le peuple, dans son égarement, se jette alors sur la couronne, comme le lion sur sa proie. — Je dis sur la couronne: en effet ce n'est pas toujours le monarque despote que le peuple atteint, souvent c'est un de ses successeurs, comme ce malheureux et vertueux Louis XVI. — On dirait que la Providence, en fait de despotisme, n'admet pas de prescription.

Inutile de s'étendre sur les dangers et les malheurs qui s'attachent à cette instabilité dans les dynasties; dangers aussi grands pour les peuples que pour les princes, ils frappent tous les regards.

Disons seulement que ces malheurs sont d'autant plus grands qu'il y a moins d'harmonie entre les lois fondamentales et les droits naturels et politiques. Car ces droits étant inhérents à l'humanité et imprescriptibles par essence, il en résulte que le peuple instinctivement tend toujours à les reconquérir : la nature humaine, dans ce cas, est comme le fleuve, contenue dans des rives trop resserrées, et qui renverse toutes les digues, jusqu'à ce que l'étendue de son lit soit en rapport avec la puissance de son cours.

La seconde conséquence bien fâcheuse du régime despotique, c'est l'abaissement et l'altération du caractère national, altération d'abord peu sensible et que n'aperçoit pas le vulgaire, mais qui se révèle bientôt aux regards de l'observateur attentif.

En effet dès que le Despotisme est la règle du pouvoir, la crainte devient la loi des âmes ; il n'y a plus de liberté au cœur ; le sang circule mal, de là des ravages effrayants dans tout l'organisme social.

Racine meurt d'un regard de Louis XIV.

Oui, sous ce régime, la crainte devient la loi fatale qui domine la société et pèse incessamment sur elle, et cela est rationnel. Le Despotisme repoussant la liberté qui lui fournirait les moyens légitimes de connaître l'état des esprits, est obligé d'y suppléer. Or il n'a à sa disposition que la police. Voyez Naples.

Les Athéniens aimaient la gaieté, la raillerie ; ils avaient une parole vive, spirituelle, piquante ; ils n'épargnaient ni leurs orateurs, ni leurs philosophes, ni les hommes qui étaient à la tête du gouvernement.

Si ce caractère présente des inconvénients, quelquefois des dangers, ils se trouvent compensés par d'im-
menses avantages; car, avec la gaieté, se rencontre
la franchise, la générosité. — On ne conspire pas
lorsque l'on peut parler et critiquer librement.

Les citoyens se réunissaient sur les places publiques
pour y conférer des intérêts de la grande cité, et y
être informés des nouvelles politiques et des événements du jour. Là ils discouraient sur les affaires de
l'État, critiquaient l'administration, philosophaient
avec Socrate et devisaient sur Alcibiade ou sur As-
pasie.

Mais après la prise d'Athènes par les Lacédémo-
niens, les chefs de l'État, auxquels l'histoire a donné
le nom des trente tyrans, voulant enchaîner la liberté, fermèrent la tribune et firent un désert de la
place publique.

A partir de ce moment, Athènes vit sa grandeur
s'amoindrir, tant la pression trop forte que le pouvoir
exerce sur la liberté de parler et d'écrire agit vive-
ment sur le caractère national.

Quelquefois il se relève, lorsque de graves événements donnent un ressort accidentel à sa vie; mais
les chaînes d'un peuple esclave sont si pesantes, qu'il
retombe bientôt affaissé sur lui-même.

Il est donc bien nécessaire de mesurer avec pru-

dence la portée des institutions et des actes émanés
du pouvoir, et qui peuvent réagir sur le caractère
d'un peuple.

« S'il y avait dans le monde une nation qui eût
(comme les Athéniens) une humeur sociable, une
ouverture de cœur, une joie dans la vie, une facilité
à communiquer ses pensées; qui fût vive, agréable,
enjouée, quelquefois imprudente, souvent indiscrète,
et qui eût avec cela du courage, de la générosité, de
la franchise, un certain point d'honneur, il ne faudrait
pas chercher à gêner par des lois ses manières, pour
ne point gêner ses vertus; si, en général, le caractère
est bon, qu'importe de quelques défauts qui s'y
trouvent (*Esprit des lois,* l. 19, chap. 5). »

Montesquieu trace ici de la France un portrait
dont la ressemblance est encore aujourd'hui par-
faite. — Considérez nos soldats sur les champs de
bataille de la Crimée! Le caractère national ne les
abandonne pas même au milieu de l'enivrement de la
victoire. Et la Russie elle-même acclame la générosité de notre nation. Cette franchise, ce caractère de
loyauté tient chez nous à l'amour du vrai. La vérité
en tout, c'est là notre devise. C'est par le vrai que la
France excelle dans tous les arts, c'est par le vrai
qu'elle exerce une sorte d'attraction sur le monde
entier. Cela me rappelle ce mot célèbre, qui renfer-

mait une critique du passé et une concession à l'o-
pinion publique du moment : « *La charte désormais
sera une vérité.* » De tout ceci résulte que tout gouvernement qui par l'effet de sa centralisation trop ardente, s'écarterait du vrai, et, par exemple, rencon-
trerait dans ses agents un zèle extraordinaire, en
opposition avec le calme, la dignité des lois fondamentales, et la haute prudence du souverain, exciterait
bientôt la défiance du pays. — Il ne faut jamais oublier
ce mot de M. de Talleyrand : « surtout pas de zèle. »

Répétons donc avec l'auteur que nous nous plaisons à citer, parce qu'il est presque toujours dans le
vrai : « Gardez-vous d'altérer le caractère d'une nation dans la crainte de porter atteinte à ses vertus. »

De cette maxime, découle cette conséquence, « qu'il
» ne faut pas choquer par les lois la manière de pen-
» ser d'un peuple (*Esprit des lois, eod.*) » Les lois d'un
État doivent toujours s'harmonier avec le génie parti-
culier de la nation; c'est ce qui a fait l'immense
succès du code Napoléon, et peut-être ce qui a le
plus immortalisé son auteur, tant les dispositions de
ce code sont identiques à notre caractère national.

Sans doute un homme de génie peut momentanément forcer un peuple à s'abaisser devant lui, mais
l'homme passe, la nation reste et se relève avec d'autant plus d'énergie, que la force d'action, inhérente

au pouvoir, l'a fait peu à peu s'incliner plus bas.

« L'État est plus fixe, sa stabilité est plus assurée, dit encore Montesquieu, lorsqu'il y a des ordres attachés à la constitution du pays. »

En effet, tout gouvernement entouré de corps indépendants, qui ont un intérêt de patrie, et un intérêt de famille et de position sociale au maintien et en quelque sorte à la perpétuité des lois fondamentales, se trouve, par cela même, avoir un avenir de prospérité et de fixité dont s'expose à être privé une administration qui n'a autour d'elle que des individualités passagères.

Un pouvoir bien balancé a déjà une grande peine à se maintenir dans les temps où nous sommes, à plus forte raison le danger de perdre l'équilibre menacerait-il un gouvernement qui n'aurait pas de contre-poids.

Toute force, en effet, qui n'est pas réglée dans son action, se brise promptement, soit par l'accélération du mouvement qui l'entraîne, soit par le mouvement de fluctuation qui la fait osciller continuellement.

Otez le frein à la locomotive, elle court, elle brûle l'espace; mais elle vole en éclats devant les premiers pavés qu'elle rencontre.

Tout gouvernement, quel que soit son titre, se ferait donc illusion, s'il croyait pouvoir faire divorce impunément avec les forces nécessaires pour régler sa marche et le maintenir dans la voie de l'ordre et du juste.

Qu'un enfant né avec les plus heureuses dispositions soit gâté par sa mère, son bon naturel se corrompt; il devient colère, emporté, vindicatif; plus on obéit à ses caprices, plus il se fait exigeant, plus ses demandes deviennent folles et même irréalisables. Bientôt il n'est plus entouré que d'esclaves.

L'enfant gâté, c'est le roi despote; c'est Louis XIV entrant à quatorze ans dans le parlement avec un fouet à la main; c'est Charles XII menaçant le sénat de Suède de lui envoyer sa botte pour le gouverner. L'histoire, dans ces deux faits, nous révèle d'une manière éclatante, combien sont grandes les illusions de la puissance suprême, dans les hommes doués d'une volonté puissante.

A ce moment il me semble, mon cher philosophe, que je vous entends vous écrier : « Fort bien, vous revenez vers moi sans vous en douter; car, soyez franc, le gouvernement parlementaire, tel qu'il était sous Louis-Philippe, n'était qu'une *petite* république déguisée, et malgré vos précautions oratoires, votre affection pour ce système ressort clairement de vos attaques contre le Despotisme ; l'on pourrait en outre avoir l'idée que vous regardez l'état actuel comme étant privé des caractères d'une véritable monarchie. »

A cette observation nette, je réponds avec la même netteté : Je suis né, j'ai vécu au milieu du gouvernement parlementaire, et quoique j'en reconnaisse les graves abus, je conviens de mes dispositions à aimer ce mode de gouvernement. Quant aux conditions légales du régime napoléonien, il serait injuste de ne pas admettre que la chambre des représentants et le sénat délibèrent et votent en toute liberté (1), ce qui est l'un des caractères essentiels du gouvernement représentatif ; mais la loi du 2 mars ernier, nécessitée sans doute par l'épouvantable attentat du 14 janvier, peut être le signe d'une tendance à dévier de la ligne, et les pouvoirs de l'État l'ont si bien senti, que les législateurs ont voulu que la loi n'eût qu'un caractère temporaire, et que le ministère s'est empressé d'accepter l'amendement. C'est cette déviation, pénible sous le rapport des principes, qui a guidé ma plume, déviation qui n'a certainement pas échappé à la science gouvernementale du chef de l'État, malgré le flot de courtisans

(1) Si les députés ne remplissaient pas leurs devoirs envers leurs commettants, cela prouverait leur faiblesse, mais n'impliquerait en rien ni l'administration, ni la Constitution.

qui l'entoure et le presse (1). Du reste pour qu'il n'y ait pas de doute sur ma pensée, je répète avec M. Cousin : « un instinct vivace, indestructible, dit à » la France que la royauté est le plus sûr appui et le » plus énergique instrument de sa grandeur, de sa li- » berté même. Il est certain que cela est, fut, et sera ; » car on ne refera pas la France, et il faut marcher » dans ses voies, si on aspire à la conduire. »

Le succès incontesté du voyage de l'Empereur et de l'Impératrice dans les départements de la Bretagne, n'admet pas de controverse sur cette opinion du célèbre philosophe.

(1) Les choix que le chef de l'État a fait de M. Delangle comme ministre de l'intérieur, et de M. Devienne comme premier président de la cour de Paris, justifient nos observations, et prouvent en même temps qu'il y a dans les régions élevées une main sûre qui, dans l'intérêt de la gloire et du bonheur de la France, ne peut manquer d'unir la modération à l'énergie.

SEPTIÈME ET DERNIÈRE LETTRE.

CONCLUSION.

MON CHER PHILOSOPHE,

Écoutez bien mes conclusions.

Rousseau a dit avec vérité : « Le plus fort n'est
» jamais assez fort pour être toujours le maître, s'il
» ne transforme la force en droit et l'obéissance en
» devoir. »

Le problème à résoudre est donc l'alliance de l'ordre, c'est-à-dire de l'autorité avec la liberté, problème dont princes et savants n'ont pu jusqu'ici trou-

ver la solution; il faut que ces deux grands principes concourent au gouvernement des peuples sans se nuire et s'unissent étroitement sans s'étouffer.

La nécessité et l'opportunité de cette alliance ont été certainement comprises par Napoléon III. — A notre époque les siècles sont des jours.

En terminant cette correspondance, je crois, mon cher philosophe, devoir vous dire : je suis arrivé à l'âge où l'homme n'attend plus rien des hommes; aussi en écrivant ce que vous venez de lire, ai-je scruté ma conscience avec soin; je me suis demandé si je n'étais pas entraîné dans mes appréciations du temps présent par un esprit de parti quelconque, et cet examen de conscience me laisse entièrement calme.

Oui, je crois avoir rempli un devoir, j'ai voulu exposer ce que je crois être la vérité, la dire aux grands comme aux petits, aux forts comme aux faibles, aux vainqueurs comme aux vaincus.

J'ai voulu essayer de détourner les partis qui paraissent se refuser à poser les armes, des résolutions extrêmes, résolutions, qui, à un moment donné, jetteraient le trouble et le désordre en France, nous amoindriraient dans notre lutte continue avec les puissances étrangères, et surtout à l'égard de l'An-

gleterre, notre ennemie du temps jadis, et qui le serait encore au temps présent, sans l'empire extraordinaire que l'Empereur exerce sur ses souvenirs.

J'ai en même temps voulu modérer le zèle de ceux
qui, dans un excès de dévouement très-naturel, en
présence du crime inouï du mois de janvier dernier,
pourraient, malgré la prudence habituelle du gouvernement, l'entraîner vers une pente fatale. Si,
comme l'a dit Marc-Aurèle, il est d'un honnête homme
de maintenir l'état de choses établi, il appartient,
au siècle où nous sommes, aux citoyens dévoués à
leur pays de s'efforcer d'éclairer le pouvoir, dans sa
marche périlleuse, à travers les nuages électriques
dont l'atmosphère est chargée.

Cet écrit, évidemment, ne plaira qu'à un bien petit
nombre, et toutefois j'espère qu'il opérera quelque
bien ; mais les auteurs hélas ! ont aussi leurs illusions,
et de grandes.

Tout à vous, mon cher philosophe républicain,
tout à vous, non, parce que, mais quoique, car un
jour vous reviendrez à moi.

Paris... septembre 1858.

NOTE-SOUVENIR.

———

Toute la France juridique, politique et littéraire a connu Macarel, dont l'esprit était si aimable, l'accueil si gracieux et la science administrative si étendue. Son éloge a été fait par les hommes les plus éminents, et notamment par M. de Cormenin, dont il était le rival et l'ami. Mais peu de personnes ont connu Armand Dalloz, qui, absorbé par ses travaux de droit, vivait complétement éloigné du monde. — Ayant été en rapport intime avec lui pendant neuf ans, je crois qu'on trouvera tout naturel que j'insère ici un article qui a paru dans l'*Ami de la religion* du 7 juillet 1857, et qui contribuera, je l'espère, à perpétuer la mémoire de cet homme remarquable.

M. Armand Dalloz, avocat à la Cour impériale de Paris, chevalier de la Légion d'honneur, et qui a acquis, ainsi que son frère, une grande réputation par ses ouvrages de droit, vient de mourir à l'âge de cinquante-huit ans, entouré de toute sa famille éplorée. — Il est mort, cet homme de bien, uniquement par l'excès de l'amour le plus pur, le plus désintéressé, l'amour de la science.

L'un des premiers magistrats de la Cour suprême, *vir probus, dicendique peritus*, a prononcé sur sa tombe (1) un discours si vrai, si bien senti, et qui a fait verser tant de larmes, qu'il semble que nous tous, jurisconsultes presque inconnus, nous devrions garder le silence, puisque nos paroles ne peuvent être qu'un écho affaibli de sentiments déjà et si éloquemment exprimés; et cependant quand vient la perte d'un homme remarquable, et lorsque cet homme est notre ami, on éprouve un je ne sais quoi dans le cœur qui nous entraîne, comme malgré nous, à dire notre pensée sur celui qui n'est plus; cette pensée est comme la fleur dont on orne les tombes de ceux qui nous furent chers; fleur modeste

(1) M. Nicias Gaillard, président de chambre à la Cour de cassation (V. *Moniteur* du 25 juin 1857).

qu'à peine on remarque, mais qui sert, toutefois, à attester le souvenir, et qui élève peut-être son parfum jusqu'à celui qui fait couler nos pleurs.

Je ne veux ni ne dois rappeler ici les tourments intérieurs d'Armand Dalloz contemplant depuis plus de deux ans la mort qui s'avançait vers lui à pas lents mais assurés, et dont l'âme forte et pourtant déchirée répétait encore et jusqu'à ses derniers jours avec le poëte :

> . . . . . Linquenda tellus
> Et Domus et placens uxor.   (Hor.)

Je n'apprécie et je ne juge ici que le jurisconsulte.

MM. Toullier, Proudhon, Merlin, Troplong et d'autres encore ont publié des ouvrages qui assurent à leur nom une réputation méritée ; mais je n'hésite pas à le déclarer, si quelques-uns de ces jurisconsultes ont été ou sont peut-être comme écrivains supérieurs à M. Armand Dalloz, qui, sans ambition aucune, ne recherchait dans son style que la clarté, et c'est la qualité principale du jurisconsulte, ce fut celle de Pothier ; si, en outre, ils ont été versés plus profondément que lui dans toutes les parties du droit romain, ils ne l'ont point surpassé sous le rapport de l'universalité des connaissances et de la rapidité de conception qu'il possédait à un suprême degré.

M. Dalloz aîné, dont l'éloquence et la science réunies ont jeté tant d'éclat à la Cour suprême, et qui seul est l'auteur du *Répertoire*, quant à sa première édition, ayant été appelé à la Chambre des députés par le département du Jura, M. Dalloz jeune se trouva privé, non des lumières de son frère pour la deuxième édition à laquelle il a coopéré puissamment, mais de son concours journalier. — Dès ce moment les heures et le temps n'ont plus existé pour Armand Dalloz. Le jour, la nuit, il était sur la brèche, comme un soldat attentif qui craint d'être surpris par l'ennemi ; — tout à fait en dehors du grand monde et de ses exigences, il travaillait constamment quinze et dix-huit heures sur vingt-quatre.

Le public n'a pas l'idée de l'immensité des travaux d'un jurisconsulte qui compose tout à la fois un Recueil d'arrêts et un Répertoire de Jurisprudence. Chaque jour il faut avoir présent à la mémoire non-seulement le texte de toutes les lois anciennes et nouvelles, les dispositions de tous les Codes, mais encore les principes du droit public, du droit des gens, du droit civil, du droit administratif, du droit commercial, du droit criminel.

Chaque jour des questions nouvelles, appartenant à ces diverses matières, s'élèvent et doivent être discutées et approfondies.

Sans doute des collaborateurs secondent ces auteurs seuls connus du public, mais il faut que les uns et les autres soient à chaque instant en rapport pour résoudre toutes les difficultés qui se présentent. Chaque opinion est soutenue avec vigueur ; c'est une lutte olympique. Puis, quand un travail est terminé, il faut vérifier les citations, les dates, corriger les feuilles d'impression , etc., etc. Aussi, peut-on le dire, la vie d'un seul homme est insuffisante pour des travaux qu'on peut appeler sans hyperbole des travaux de Bénédictins; et si le *Répertoire de Jurisprudence*, ce monument sans précédent élevé à la science du droit par MM. Dalloz, est achevé, il a fallu la réunion d'une circonstance bien admirable et bien rare, le concours de deux frères tous deux placés au premier rang des jurisconsultes, tous deux passionnés pour la science du droit, *ars æqui et boni*, tous deux unis depuis leur enfance par la plus tendre amitié. — La mort seule les a divisés pour la première fois.

L'ouvrage étant terminé, en ce sens que tous les grands traités sont faits, et qu'il ne reste plus que l'impression de six volumes, M. Dalloz, dégagé de tous travaux politiques, sera en mesure de les publier en deux ans au plus; il aura la gloire *bien méritée* d'avoir clos ce grand ouvrage. Mais le jour où il pourra dire :

. . . . Exegi monumentum ,

son cœur élèvera de nouveau ses souvenirs vers un frère qui l'a si bien secondé, et c'est, j'en suis sûr, avec une joie mêlée de larmes d'attendrissement qu'il viendra, entouré de tous ses collaborateurs, déposer sur la tombe de ce frère chéri la moitié de la couronne d'immortelles dont aujourd'hui, comme au temps jadis, nous nous plaisons à orner le front des poëtes et des savants.

Et alors, comme le poëte aussi, il pourra dire avec un juste orgueil :

Nos doctarum hederæ præmia frontium,
Dis miscent superis.　(Hor.)

DE PLASMAN.

TABLE.

—————

Paris. — Imprimé par E. Thunot et Cie, rue Racine, 26.